Tiergeschichten mit Mia und Mio

Ein aufregender Traum

von

Bettina Erdm

illustriert von

Ingrid Hecht

Es ist Montagmorgen.
Mio und Mia sind im Bett.
Im Arm hält Mio seinen Kuschel-Wal Orkos.

Auf einmal fällt Mio etwas ein:
Er hat einen aufregenden Traum gehabt.
Er schildert Mia seinen Traum.

In dem Traum war Orkos ein lebendiger Wal.
Familie Wal unternimmt einen Ausflug.
Orkos hat aber keine Lust.
„Immer nur mit den anderen mitschwimmen,
das ist total doof", mault der kleine Wal.

Er schwimmt abseits hinter eine Koralle.
„Komm sofort her, Orkos!
Du sollst bei uns bleiben!
Eines Tages schwimmst du mal
den falschen Weg," tadelt seine Mutter.
„Was soll dann schon sein?", murrt Orkos
und rollt mit den Augen.

Er hasst es, wenn seine Mutter so besorgt ist.
Gerne würde er alleine herumschwimmen.
Unbemerkt schwimmt Orkos
hinter einen Felsen.
Dort wartet er, bis die anderen fort sind.

„Nun sind alle weg!“, ruft Orkos ausgelassen.
„Das ist fabelhaft!“
Der kleine Wal ist froh über seine Freiheit.
Er entdeckt allerlei farbenfrohe Fische.
Und es gibt haufenweise Algen.
Die sehen aber interessant aus, findet Orkos.
Mutig schwimmt er direkt hinein.

Auf einmal wird es dunkel
um den kleinen Wal.
Er ist in einem Algenwald.
Das ist aber gruselig, denkt er.
Schnell raus!

Orkos will weiter.
Die Frage ist nur – wo sind die anderen?
Orkos überlegt einen Augenblick.

„Entschuldige,
hast du eine Walfamilie gesehen?“,
fragt er einen gelben Fisch.
„Nein, tut mir leid“, blubbert der Fisch.

Orkos wird unruhig, weil es dunkel ist.
Was soll er nur tun? Wo sind die anderen?
Das war alles keine gute Idee, denkt Orkos.
Fast hätte der kleine Wal aufgegeben.

Aber da, was ist das? Ein Ton!
Er wird immer lauter und kommt näher.
Orkos schwimmt dem Ton entgegen.
Auf einmal kann er
seinen älteren Bruder sehen.
Dann erkennt er seine Mutter.
„Gott sei Dank, Orkos, da bist du!
Wir waren alle so in Sorge“, ruft sie.
„Tut mir leid“, sagt er kleinlaut.
Er ist froh, dass er seine Familie
gefunden hat.

„Mio und Mia, wo bleibt ihr?“,
ruft ihre Mama ungeduldig.
„Ihr müsst in die Schule!“

Mio legt seinen Wal unter die Decke.
„Du darfst weiterschlafen“, sagt er.
„Bis bald!“

Übersicht der Ankerbilder zu den verwendeten Lauten

A a

Affe

Au au

Auerhahn

Ä ä

Känguru

B b

Bär

D d

Delfin

E e

Elefant

Ei ei

Eichhörnchen

F f

Fisch

G g

Gans

H h

Hase

I i

Igel

K k

Kakadu

in den Tiergeschichten mit Mia und Mio

Die abwechslungsreichen, lustigen und spannenden Geschichten mit vielen Illustrationen sind ideal für Leseanfänger. Insgesamt enthalten die zehn Bände 38 Geschichten. Band 1 enthält 6 Geschichten mit Affe, Elefant, Igel, Maus, Tiger und Wal. Dieses Sonderheft enthält die Geschichte mit dem Wal.

Von Band 1 bis Band 10 steigt der Schwierigkeitsgrad der Geschichten in zwei Stufen an: Die Texte enthalten immer mehr unterschiedliche Buchstaben bzw. Laute, und die Textmenge der Geschichten wird immer größer. Die Einführung der Buchstaben bzw. Laute ist abgestimmt auf die Silbenfibel® „ABC der Tiere 1 – Lesen in Silben".

Die Laut-Tabelle auf Seite 16 zeigt, welche Buchstaben bzw. Laute in Band 1 vorkommen (rote Hinterlegung), und welche Ankerbilder damit assoziiert sind.

Tiergeschichten mit Mia und Mio	*Bestell-Nr.*
Band 1: Affe, Elefant, Igel, Maus, Tiger, Wal	**1404-01**
Band 2: Delfin, Fisch, Gans, Kakadu, Schildkröte	**1404-02**
Band 3: Kröte, Löwe, Nashorn, Papagei, Pfau	**1404-03**
Band 4: Auerhahn, Hase, Kühe, Reh, Uhu	**1404-04**
Band 5: Bär, Eichhörnchen, Seepferdchen	**1404-05**
Band 6: Specht, Storch, Zebra	**1404-06**
Band 7: Känguru, Orang-Utan, Schlange	**1404-07**
Band 8: Eule, Jaguar, Katze	**1404-08**
Band 9: Qualle, Vogel, Yak	**1404-09**
Band 10: Boxer, Clown / Chamäleon	**1404-10**
Band 1 – 10, Komplettbezug	**1404-12**
Arbeitsblätter zu allen Geschichten, Lesepass, KVs, Spiralbindung	**1404-11**
Stempel zum Lesepass	**1402-52**

Leselern-
STARS
Für Leseanfänger

Leselernstars für Leseanfänger	Bestell-Nr.
Yakari – Feuerpfeil	**1404-19**
Die Eiskönigin – Elsa und der Zauber der Eisblumen	**1404-21**
Cars – Das große Rennen um den Pokal	**1404-22**
Findet Dorie – Das große Unterwasserabenteuer	**1404-23**
Die Schöne und das Biest – Ein magischer Zauber	**1404-24**
Komplettbezug	**1404-18**

www.mildenberger-verlag.de/784

1. Lesestufe

Leserabe

	Bestell-Nr.
Trixi und die wilden Wikinger	1404-40
Der Piratenhund	1404-41
Das Rätsel der Drachenhöhle	1404-42
Einhorngeschichten	1404-43
Polizeigeschichten	1404-44

www.mildenberger-verlag.de/320

ABC der Tiere – die App für das Tablet

Lese- und Schreibtraining für Klasse 1

Die App enthält den gesamten Lernstoff des ersten Schuljahres. Alle Fibeltexte sind enthalten und können silbenweise angezeigt und vorgelesen werden. Zusätzlich kann mit bis zu 16 Übungen pro Doppelseite zu Silben, Lückentexten, zum Wörterschreiben etc. trainiert werden. Alle Texte werden vorgelesen und die Aufgaben genau erklärt, sodass die Kinder alleine mit der App üben können.

Als App für iOS und Android:

Laden im App Store

JETZT BEI Google Play